Hundert haarige Limericks

… von A wie Aalen bis Z wie Zweibrücken.

Humor und Wortwitz rund um das unerschöpfliche Thema Haare, Frisur, Friseur, Haarfarben, Blondinen, Bart, Haarausfall, Glatze, Toupet. Das Ganze mit spitzer Feder ins Bild gesetzt durch den Karikaturisten Günter Bender.

Ein Buch für alle, die Haare haben oder auch keine. Für alle, die sich mehr Haare oder andere Haare wünschen. Für alle, die mit ihrem Haar zufrieden sind; und für alle, die mit ihrem Haar hadern.

Hundert haarige Limericks

Herausgegeben von Ronald Henss
Illustrationen von Günter Bender

Dr. Ronald Henss Verlag

Originalausgabe
September 2008

Dr. Ronald Henss Verlag
Sudstraße 2
66125 Saarbrücken
www.ronald-henss-verlag.de
verlag@ronald-henss-verlag.de

© Alle Rechte beim Verlag, dem Illustrator und den Autoren
Umschlaggestaltung: Ronald Henss / Günter Bender ©

Druck und Bindung: Druckerei Pirrot
Trierer Straße 7
66125 Saarbrücken

Printed in Germany
ISBN   978-3-939937-06-7

Haariger Wegweiser

Aalen	66	Gumbinnen	36
Afrika	92	Haffen	97
Altglocken	28	Haltern	49
Angermund	22	Hannover	38
Azoren	73	Hecken	83
Balearen	59	Heiden	25
Bern	5	Heiligenroth	90
Billerbeck	71	Heiliges Land	85
Bingen	61	Herne	56
Bombay-Stadt	63	Hinterzarten	39
Brücken	94	Hoyerswerda	45
Celle	99	Idar-Oberstein	27
Chur	98	Interlaken	60
Cielenta	43	Iserlohn	68
Dafour	91	Jassy	24
Doos	93	Kerben	65
Dorsten	62	Komoren	96
Eger	8	Langen	72
Eifel	40	Lehre	95
Essen	46	Lehrte	57
Frankenthal	37	Leidhecken	80
Galten	51	Lemmer	52
Ganges	20	Leogang	89
Gießen	1	Lhasa	19
Gmunden	44	Ludwigshafen	75

Mark aller Dänen	55	Schlangenbad	32
Meise	88	Schwabenland	86
Mücke	31	Schwante	53
München	64	Siegen	11
Müssen	2	Singapur	21
Neuwies	23	Sohren	58
Niederlanden	50	spanisches Städtchen	77
Nordenham	48	Stade	16
Nordrhein-Westfalen	41	Staffelstein	18
Nordstemmen	47	Teheran	33
Olsbrücken	30	Türkismühle	54
Pankow	74	Twist	15
Paris	81	Unna-Massen	69
Peine	13	Unterfranken	87
Pjöngjang	10	Venedig	29
Plauen	84	Vogesen	100
Portugal	4	Werne	7
Quakenbrück	79	Winterthur	3
Reiden	9	Wittenberge	70
Rockenhausen	26	Worms am Rhein	12
Roskilde	82	Wuppertal	35
Roth	34	Wuppertal-Barmen	14
Saarbrücken	78	Xanten	76
Saarlouis an der Saar	67	Yach	17
Sansibar	6	Zweibrücken	42

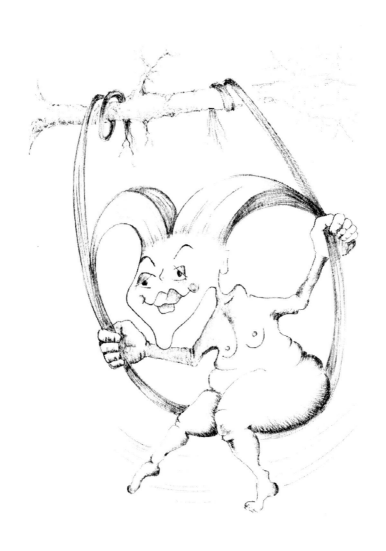

Nr. 1   Michael Rapp

Ein haariger Freikörper-Fan aus Gießen
wurde des FKK-Geländes verwiesen.
Trotz Bitte und Protest
stellte der Vorstand fest:
dass er nackt sei, sei nicht erwiesen.

Nr. 2   Claudia Sperlich

Es ging eine Dame in Müssen
in Locken bis zu den Füßen.
Im Übrigen nackt,
so war sie verpackt,
man sah nur das Haar dieser Süßen.

Nr. 3   Ronald Henss

Ein junger Mann aus Winterthur
rieb kräftig ein die Haartinktur
mit viel Genuss
von Kopf bis Fuß.
Doch wuchs das Haar am Hintern nur.

Nr. 4   Barbara Naziri

Ein Tubabläser aus Portugal
litt unter schrecklichem Haarausfall.
Blies er Fanfare,
fielen die Haare
aus bei fast jedem Intervall.

Nr. 5   Ronald Henss

Eine nymphomane Dame aus Bern
liebte die modisch frisierten Herrn.
Blond, braun, schwarz und rot,
sie litt keine Not.
Nur von Kahlen hielt sie sich fern.

Nr. 6   Michael Rapp

Ein wahrer Seher von Sansibar
las die Zukunft aus seinem Haar.
Doch das Geschäftsmodell
versagte allzu schnell:
Seine Kopfhaut war sehr bald bar.

Nr. 7   Birge Laudi

Ein langmähniger Recke aus Werne,
der tauchte am Korallenriff gerne.
Er verdrängt die Gefahr,
hängt fest mit dem Haar.
Nun sieht er niemals wieder die Sterne.

Nr. 8   Claudia Sperlich

Es sagte ein Radler in Eger:
„Ich werde niemals Helmträger,
denn das ruiniert
die Frisur und geniert!"
Heut kämmt ihm die Haare ein Pfleger.

Nr. 9   Michael Rapp

Ein Möchtegern-Cowboy aus Reiden
tat den Bart beim Reiten sich schneiden.
Er hat's sehr bald bereut,
denn der Gaul hat gescheut.
Wenigstens musste er nicht lange leiden.

Nr. 10   Michael Rapp

Eine schöne Dame aus Pjöngjang
auf der Loreley sich kämmte und sang.
Als ein Schiffer sie sah,
war dem Manne gleich klar:
die Globalisierung geht ihren Gang.

Nr. 11   Horst Engel

Ein mutiger Prinz ist in Siegen
am Seil eines Turms hochgestiegen.
Als er ward gewahr,
's ist aus menschlichem Haar,
da lernte vor Schreck er das Fliegen.

Nr. 12   Manfred Schröder

Ein Friseur zu Worms am Rhein
ließ sich mit den Nibelungen ein.
Geriet an Brunhilde,
die stolze und wilde.
Doch die wollte mehr als beschnitten sein.

Nr. 13   Barbara Naziri

Es war eine Dame in Peine,
der wuchsen Haare am Beine.
Die Haut sah man kaum,
so dicht war der Flaum.
Aber Strümpfe brauchte sie keine.

Nr. 14   Birge Laudi

Ein Frisör aus Wuppertal-Barmen
hatte mit haarigen Damen Erbarmen.
Eine Ganzkörperrasur
kostete für Damen nur
ein Schäferstündchen in seinen Armen.

Nr. 15   Martina Decker

Es ist ein Ehemann aus Twist
seit Jahren schon Haarfetischist.
Drum hat die Seine
unrasierte Beine.
Was nicht nett anzusehen ist.

Nr. 16   Claudia Sperlich

Es liebt eine Blondine in Stade
nichts mehr als Trinkschokolade.
Sie braucht sie sogar,
zu waschen ihr Haar
und entsteigt als Brünette dem Bade.

Nr. 17   Ronald Henss

Eine hübsche Blondine aus Yach
dachte sehr oft gründlich nach
über's Haarefärben
und Liebeswerben.
Ansonsten lagen die Gehirnzellen brach.

Nr. 18   Jorrit Sieck

Bei den Mönchen im Kloster von Staffelstein
kehrt jeden Sonntag jetzt eine Blondine ein,
denn sie lernt grad Frisör
und ihr kam zu Gehör,
dass Tonsuren ganz leicht zu schneiden sei'n.

Nr. 19   Thomas Mentzel

Als eine blondgelockte Brünette in Lhasa
ihre Haartracht im Spiegel von nah sah,
überkam sie das Grauen,
sie ist abgehauen.
Woraufhin sie fortan nicht mehr da war.

Nr. 20   Manfred Schröder

Zu durchschwimmen den großen Ganges,
einem mutigen Haar, ihm gelang es.
Und jeder, der schaute,
seinen Augen nicht traute:
noch nie man sah solch ein langes.

Nr. 21   Barbara Naziri

Ein Meister des Zen in Singapur,
dem wuchsen die Haare spärlich nur.
Da spricht er leise
und lächelt weise:
„Was drunter ist, zählt – nicht die Frisur!"

Nr. 22   Michael Rapp

Ein Edel-Coiffeur aus Angermund
verbreitete stolz die frohe Kund:
„Ein Ende hat die Not!
Jetzt neu im Angebot:
Der Partnerlook für Frauchen und Hund."

Nr. 23   Barbara Naziri

Ein Haarkünstler aus Neuwies,
den man den Furchtlosen hieß,
war in aller Munde –
er frisierte Hunde –
wobei er auf Gegenwehr stieß.

Nr. 24   Claudia Sperlich

Eine ältere Dame aus Jassy,
die führte ihr Schoßhündchen Gassi.
Sein Fell und ihr Haar
im Farbton gleich war,
das gleiche Futter auch fraß sie.

Nr. 25   Michael Rapp

Ein sanfter Chirurg aus Heiden,
der konnte Blut nicht leiden.
Es war ihm ein Graus,
und so stieg er aus
und lernte das Haareschneiden.

Nr. 26   Ronald Henss

Ein Meistercoiffeur aus Rockenhausen
ließ die Schere durch Locken sausen.
Mit Schnipp und mit Schnapp
war'n die Haare rasch ab.
Die Kundinnen sahen's mit Grausen.

Nr. 27   Antonia und Ralph-Michael Stahn

Ein Friseur aus Idar-Oberstein
findet Haareschneiden arg gemein.
Aus dieser Konsequenz
vergibt er die Lizenz
und will nun nur noch Schneider sein.

Nr. 28   Patricia Koelle

Ein Langmähniger aus Altglocken
war berüchtigter Meister im Zocken.
Er hatte beim Poker
meist einen Joker:
versteckt war ein As in den Locken.

Nr. 29   Marie Anne Hahn

Beim Karneval hat ein Mann in Venedig
eine Blondine im Arm – er ist selig!
Es fällt der Dame vom Kopf
beim wilden Tanze der Zopf,
zum Vorschein kommt ein Er – oh wie schäbig!

Nr. 30   Jorrit Sieck

Man hört vom Barock in Olsbrücken
von Damen mit hohen Perücken,
viel Puder in Haaren
und Locken in Scharen
und Stäbchen zum Kratzen am Rücken.

Nr. 31   Harald Herrmann

Es fraß eine Kuh im hessischen Mücke
dem Bauern das Haarteil voller Tücke.
Er schnitt ohne Hast
vom Schwanz ihr den Quast,
hat nun eine Fliegenwedel-Perücke.

Nr. 32   Ronald Henss

Eine einsame Dame aus Schlangenbad
empfand das Leben grausam und hart.
Die Männer, die ließen
sie beharrlich links liegen.
Schuld war ihr üppiger Damenbart.

Nr. 33   Barbara Naziri

Es lebte ein Mullah in Teheran,
der war Fetischist von Frauenhaar'n.
Er zog Damen munter
den Tschador herunter
und entdeckt' dabei manch Partisan.

Nr. 34   Patricia Koelle

Ein ermüdeter Wandersmann aus Roth
gerät am steilen Berg aus dem Lot.
Es rettet den Tropf
sein kahler Kopf.
Er nutzt ihn als Spiegel und morst seine Not.

Nr. 35   Harald Herrmann

Es litt eine Jungfrau aus Wuppertal
an der Schwebebahn einst Höllenqual.
Hatten die Haare, die langen,
sich in der Türe verfangen.
Wie ein Engel schwebt' sie durchs Wupper-Tal.

Nr. 36   Claudia Sperlich

Es war eine Maid in Gumbinnen,
die liebte es, Flachs zu spinnen,
bis sie eines Tags
verwechselt mit Flachs
ihr Blondhaar – nun ist es von hinnen.

Nr. 37   Ronald Henss

Eine Brünette aus Frankenthal,
die fand ein blondes Haar einmal
auf ihres Gatten Jackett.
Das fand sie nicht nett.
Denn schließlich war ihr Gatte kahl.

Nr. 38   Antonia und Ralph-Michael Stahn

Eine Schwarzhaarige aus Hannover
findet blonde Haare auf dem Sofa.
Der Gatte devot:
„Mein Haar ist doch rot!"
Davon braust eine Blondine mit Mofa.

Nr. 39   Claudia Sperlich

Eine holde Dame aus Hinterzarten
saß still und träumend im Wintergarten.
Der Glanz ihrer Locken
riss fast von den Socken
den Gatten – nun darf sie ein Kind erwarten.

Nr. 40   Horst Engel

Eine eitle Frau aus der Eifel,
die prahlte stolz ohne Zweifel,
ihr Haar sei so schön,
wie's Gott nie geseh'n,
da holte vor Neid sie der Teufel.

Nr. 41   Ronald Henss

Eine Dame aus Nordrhein-Westfalen
bot Liebesdienste nur für die Kahlen.
Der Andrang war groß,
der Service famos.
Doch mussten die Herrn kräftig zahlen.

Nr. 42   Stefan Pölt

Ein haarloser Herr aus Zweibrücken
trug auf seinem Kopf stets Perücken.
Er steckte – nicht klug –
den Kopf aus dem Zug.
So konnt' sich sein Zweithaar verdrücken.

Nr. 43   Claudia Sperlich

Es färbt eine Frau in Cielenta
die Haare sich leuchtend magenta.
So lockt sie die Kunden
in Hotels für Stunden.
Zu mehr ist bei ihr kein Talent da.

Nr. 44   Ronald Henss

Eine langhaarige Lady aus Gmunden
erteilte den Herren Reitstunden.
Oh wunderbar,
mit ihrem Haar
peitschte sie ihre Kunden.

Nr. 45   Antonia und Ralph-Michael Stahn

Eine Blondine aus Hoyerswerda
stolziert stets aufreizend umher da.
Lockt mit ihren Haaren
auch Männer in Talaren.
„Um Gottes willen!", ruft der Herr da.

Nr. 46   Eva Markert

Es gab eine Dame in Essen,
die war von ihren Haaren besessen,
tat sie hegen und pflegen
und vorteilhaft legen.
Ihr Gesicht hat sie leider vergessen.

Nr. 47   Ronald Henss

Eine Schlampe aus Nordstemmen
hatte niemals Lust sich zu kämmen.
Sie wartet' zeitlebens
auf Freier vergebens.
Die tat das Zottelhaar hemmen.

Nr. 48   Antonia und Ralph-Michael Stahn

Eine Frau aus Nordenham
band ihr Haar oft viel zu stramm.
Das Haar nahm's übel,
landet' im Kübel.
Nun kauft sie Polish statt Kamm.

Nr. 49   Antonia und Ralph-Michael Stahn

Ein Großunternehmer aus Haltern
machte Friseure zu Buchhaltern.
Ein Kollege fragt ihn:
„Macht das denn Sinn?"
„Sie frisier'n Bücher; ich kann in Ruhe altern."

Nr. 50   Horst Engel

Ein Physiker aus den Niederlanden,
des Ruf war eines Tages zuschanden,
als er übersehn,
dass in Meiler 3/10
ein 12-Mikron-Haarriss entstanden.

Nr. 51   Michael Rapp

Ein Philosoph aus Galten
liebte es, Reden zu halten.
Er war brillant
und wohlbekannt
als Meister im Haarespalten.

Nr. 52   Thomas Mentzel

Eine rotgelockte Touristin in Lemmer
geriet dort an einen seltsamen Kämmer.
Stumm vor Schreck
sah sie: Haare weg!
Der Mann schor ansonsten nur Lämmer.

Nr. 53   Michael Rapp

Ein stolzer Schafscherer aus Schwante
dacht', dass seine Kunst man verkannte.
Am Ku'damm, ohne Lohn,
schor er zur Demonstration
jeden, der nicht schnell genug rannte.

Nr. 54   Ronald Henss

Ein Barbier in Türkismühle
rasierte mit viel Gefühle.
Doch manches Mal eben
ging ein Schnitt daneben.
So gab es der Toten gar viele.

Nr. 55   Horst Engel

Eine Frau aus der Mark aller Dänen,
die fand stets, das muss man erwähnen,
ein Haar in den Suppen
der teuersten Schuppen
und trug es dann stolz auf den Zähnen.

Nr. 56   Birge Laudi

Ein Koch ohne Kochmütze aus Herne
kochte wie wild für die edlen Sterne.
Doch da war geraten
ein Haar in den Braten.
Das sahen die Preisrichter nicht gerne.

Nr. 57   Harald Kriegler

Es war mal 'ne Dame in Lehrte,
die sich bei dem Kellner beschwerte.
Der sprach: „Mir ist schnuppe
das Haar in der Suppe.
Ich habe 'ne Glatze, Verehrte."

Nr. 58   Martina Decker

Einem Straßenarbeiter in Sohren
sprießen die Haare aus den Ohren
und üppig am Bauch,
auf dem Rücken auch,
nur den Kopf hat er kahl geschoren.

Nr. 59   Antonia und Ralph-Michael Stahn

Ein stolzer Señor von den Balearen
litt unter seinen vielen Haaren.
Wuchsen hier, wuchsen da,
aus Ohr und Nase gar.
Schuld wohl die Primaten waren.

Nr. 60   Jorrit Sieck

Ein Seeräuber aus Interlaken
hatte Bartwuchs, einen starken.
Sein Zwickelbart,
der war so hart,
nahm ihn sogar als Enterhaken.

Nr. 61   Jorrit Sieck

Der Initiative Langhaariger in Bingen
gelang es, Haare nach DIN zu verdingen.
Der TÜV Rheinland prämierte,
wie die Presse kommentierte,
ein Abschleppseil aus haarigen Schlingen.

Nr. 62   Thomas Mentzel

Ein geschäftstüchtiger Landwirt in Dorsten
züchtet Schweine mit ganz dichten Borsten.
Die schabt er herab;
und wenn alles klappt,
werden's Bartperücken, die besonders viel kosten.

Nr. 63   Martina Decker

Einer jungen Braut aus Bombay-Stadt
schneidet man die langen Haare ab
als Opfergabe
für gute Ehejahre
und dass die Damenwelt Extensions hat.

Nr. 64   Antonia und Ralph-Michael Stahn

Eine edle Dame aus München
ließ sich das Haupt mal tünchen.
Danach, oh Graus,
fiel das Haar ihr aus.
Den Friseur will sie nun lynchen.

Nr. 65   Eva Markert

Ein eitler Herr aus Kerben
wollt' sich die Glatze färben.
„Das geht nicht, mein Herr",
lehnte ab der Frisör,
„Es würd' die Frisur verderben."

Nr. 66   Harald Herrmann

Es litt eine haarlose Frau in Aalen
unterm Haarteil im Sommer Höllenqualen.
Da sagte ihr Mann:
„Lass mich mal ran,
ich werd die Frisur auf die Kopfhaut malen."

Nr. 67   Ronald Henss

Ein Mann aus Saarlouis an der Saar
bekämpft' den Verlust seiner Haar'
mit Salben, Tinkturen,
Feng Shui und Mixturen.
Und wurd' kahler von Jahr zu Jahr.

Nr. 68   Jorrit Sieck

Ein Oberstudienrat aus Iserlohn
machte eine Haartransplantation.
Um so zu verstecken
die Geheimratsecken,
investiert er den fünffachen Monatslohn.

Nr. 69   Antonia und Ralph-Michael Stahn

Ein Unternehmer aus Unna-Massen
liebt seine Firma und volle Kassen.
Glatze trägt er mit Würde,
sie ist ihm keine Bürde.
Wer Bilanzen frisiert, kann ruhig Haare lassen.

Nr. 70   Patricia Koelle

Ein Kahlköpfiger aus Wittenberge
las haarige Limericks, doch merke:
Die waren so schlecht,
er staunte zu Recht –
plötzlich standen ihm Haare zu Berge!

Nr. 71   Ronald Henss

Ein rechter Geselle aus Billerbeck
rasiert' eines Tags alle Haare sich weg.
Es passte die Glatze
zu seiner Fratze.
Und auf der Straße floh'n alle vor Schreck.

Nr. 72   Harald Herrmann

Es konnte ein Rentner im hessischen Langen
mit seiner Freizeit nichts Rechtes anfangen.
Er stutzte den Bart
auf hitlersche Art,
jetzt muss er im Knast um die Rente bangen.

Nr. 73   Ronald Henss

Ein Polarforscher von den Azoren
hat sich eine Glatze geschoren
vor seiner Reis'
ins ewige Eis.
Dort ist er dann leider erfroren.

Nr. 74   Claudia Sperlich

Es war mal ein Jüngling in Pankow,
des Haupt war vollkommen blankow,
von außen geschoren,
von innen vergoren.
Doch empfand er's nicht als ein Mankow.

Nr. 75   Manfred Schröder

Ein Langhaariger in Ludwigshafen
konnte des Nachts nicht mehr schlafen.
Ihn quälte, oh Graus,
eine lustige Laus.
Nun trägt er Glatze um sie zu strafen.

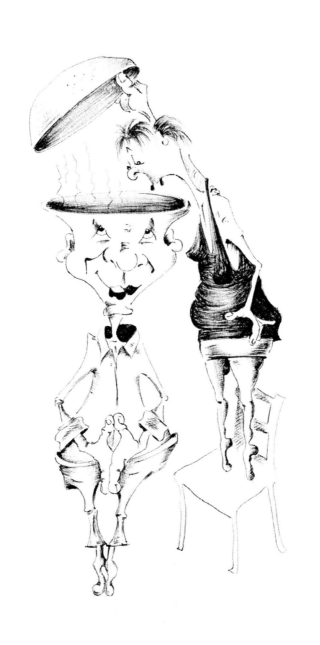

Nr. 76   Ronald Henss

Es hatte ein Kahlkopf aus Xanten
ein sehr teures Stück erstanden.
Die edle Perück'
sollt' bringen ihm Glück.
Doch bei den Damen konnt' er nicht landen.

Nr. 77   Marie Anne Hahn

Ein Hombre aus einem spanischen Städtchen
nahm für den Haarwuchs ganz viele Tablettchen.
Schnell wuchs ihm ein Schopf,
das nicht nur auf dem Kopf,
heut' verwechselt man ihn mit 'nem Frettchen.

Nr. 78   Harald Herrmann

Ein ganz fixer Glatzkopf aus Saarbrücken
tat täglich sich nach Frankreich verdrücken.
Kam behaart voll Glück
irgendwo anders zurück –
auf diese Art schmuggelte er Perücken.

Nr. 79   Ronald Henss

Ein kleiner Ganove aus Quakenbrück
versuchte mit einem großen Coup sein Glück.
Alles ging zack-zack,
'ne Million war im Sack.
Doch ließ er am Tatort ein Haar zurück.

Nr. 80   Harald Herrmann

Ein Totengräber im kleinen Leidhecken
tat sich die Glatze mit Kuhmist bedecken.
Das war ohne Stil,
half auch nicht viel,
doch der Geruch konnte Tote aufwecken.

Nr. 81   Michael Rapp

Ein Forensiker aus Paris
auf ein altes Geheimnis stieß:
In des Königs Haar
die Spur noch war
vom Joint, den der sich schmecken ließ.

Nr. 82   Barbara Naziri

In der dänischen Stadt Roskilde
weint ein ältliches Fräulein sehr wilde.
Sie kriegt graue Strähnen
und bricht aus in Tränen,
denn ihr Alter stimmt sie nicht milde.

Nr. 83   Michael Rapp

Ein Mittvierziger aus Hecken,
der fürchtete Waschbecken.
An jedem Morgen
die gleichen Sorgen:
er könnte Haare entdecken.

Nr. 84   Harald Herrmann

Ein vollkommen haarloser Mann in Plauen
tat genussvoll in den Spiegel schauen.
„Ja, vollkommen rein,
so muss es sein,
an mir kann kein einziges Haar ergrauen!"

Nr. 85   Horst Engel

Dem starken Held Samson vom Heiligen Land
Delilah voll Falsch ihre Liebe gestand.
Mit der Scher' unterm Rocke
stahl sie ihm eine Locke.
Die Kraft drauf nicht nur aus den Armen entschwand.

Nr. 86   Manfred Schröder

Es kam einst zur Welt im Schwabenland
ein Dichter, der Goethe seinen Freund genannt.
Eitel pflegte er sein Haar,
denn es war so wunderbar.
Als lecker sind uns seine Locken bekannt.

Nr. 87   Harald Herrmann

Ein junger Dichter aus Unterfranken,
den bisher noch nicht viele kannten,
dichtete fahrig,
Limericks, haarig,
deren Sinn viele Leser nicht fanden.

Nr. 88   Michael Rapp

Ein alternder Hippie aus Meise
sah die Welt nur ausschnittsweise.
Sein Blick durch Haar
verschleiert war –
jeder Tag eine Entdeckungsreise.

Nr. 89   Patricia Koelle

Einer struppigen Punkerin aus Leogang
wurde beim Baden im Meer mal arg bang.
Es legten zwei Muränen
ihr Eier in die Strähnen.
Denn sie dachten, es wär' grüner Blasentang.

Nr. 90   Ronald Henss

Einst färbte in Heiligenroth
eine Frau das Haar hennarot.
Das war gar nicht teuer,
leuchtete wie Feuer.
Auf dem Scheiterhaufen fand sie den Tod.

Nr. 91   Barbara Naziri

Am Kopfe des Wesirs von Dafour
wuchs ein mickriges Härlein nur.
Da nahm er die Scher'
nun gibt's keines mehr.
Das nannte er Ganzkörperrasur.

Nr. 92   Harald Herrmann

Vor viel tausend Jahren in Afrika
waren aufrecht stehende Affen da.
Die hüllten sich fein
in Tierpelze ein.
Es verschwand das Fell und der Mensch war da.

Nr. 93   Jorrit Sieck

Der Aufstand der Affen aus Doos
trat heftige Debatten los.
Die Medien erklärten,
die Affen beschwerten
sich über des Pflegers Hypotrichos'.

Nr. 94   Michael Rapp

Einem flotten Friseur aus Brücken
tat das beinah Unmögliche glücken.
In kaum zehn Sekunden
schor er 'nem Kunden
Kopf, Beine, Brust und Rücken.

Nr. 95   Thomas Mentzel

Es tanzt ein Barbier in Lehre
allein nach dem Rhythmus der Schere.
Ob Walzer, ob Tango,
manchmal den Fandango.
Abends hat er dicke Füße, ganz schwere.

Nr. 96   Claudia Sperlich

Ein Jüngling war auf den Komoren,
der sämtliche Haare verloren.
„Mich hat", hört man sagen
auf dämliche Fragen,
„Yul Brynners Frisör geschoren!"

Nr. 97   Michael Rapp

Ein verrückter Wissenschaftler in Haffen
wollte Kahlen Erleicht'rung verschaffen.
Doch selbst höchste Not
mied sein Angebot:
Er transplantierte die Köpfe von Affen.

Nr. 98   Ronald Henss

Eine lustige Witwe aus Chur
liebte Männer mit Kahlkopfrasur.
Die ließ sie bloß
in ihren Schoß.
Dort trug sie dieselbe Frisur.

Nr. 99   Claudia Sperlich

Es trug eine Dame aus Celle
ihr Haupthaar in giftgrüner Welle.
Man bestaunte das sehr,
und ihr Freund staunt noch mehr
über Grünhaar an anderer Stelle.

Nr. 100   Horst Engel

Ein Mann aus den hohen Vogesen
hat ein Limerick-Büchlein gelesen.
Dann schloss er es sacht
und hat sich gedacht:
„Die sind ganz schön haarig gewesen!"

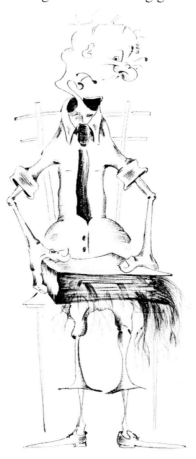

Leseprobe
Maike Grau: Ein Termin mit Frau Marwitz

Warum ich Friseurin geworden bin? Ja, es heißt Friseurin, nicht Frisöse. Das klingt abfällig. Das müssten Sie doch langsam wissen. Ganz einfach. Ich liebe meinen Beruf. Ich arbeite gern mit Menschen. Denn mein Frisiersalon ist ein Ort der Verwandlung. Mich suchen Frauen auf, die das Beste aus ihrem Typ machen wollen, die eine aufregende Verabredung haben, die kurz vor der Heirat ihrer Tochter stehen, die einen Geschäftstermin vor sich haben. Natürlich hauptsächlich auch solche, die einfach nur etwas für ihr Äußeres tun wollen. Aber ein bisschen Verwandlung ist immer dabei.

Leider verwandele ich meist andere, und ich selber bleibe die, die ich bin. Meine Haare sind fein und ungemein stachelig, so dass ich sie nicht vernünftig wachsen lassen kann; ich trage sie auf eine burschikos-kurze Art, die wenig zu meinem Typ passt. Ich weiß, es passt wirklich nicht zu mir. Mein Haar ist schuld. Nur einmal hätte ich fast auch mein eigenes Leben verändert, nach einer merkwürdigen Begegnung. Es ist ärgerlich, daran zu denken, wie nahe ich dran war. Nur ein Detail hat mich dann aufgehalten.

Die vollständige Geschichte findet sich in:

Abenteuer im Frisiersalon
Dr. Ronald Henss Verlag
ISBN 978-3-9809336-0-5

Dr. Ronald Henss Verlag

Dr. Ronald Henss Verlag

Eine Auswahl aus unserem Programm

Abenteuer im Frisiersalon
ISBN: 978-3-9809336-0-5

Der Füllfederhalter des Grauens. Gruselgeschichten
ISBN 978-3-939937-05-0

Der Mann, der vergewaltigt wurde
ISBN 978-3-9809336-8-1

Karin Reddemann: Gottes kalte Gabe
ISBN 978-3-9809336-3-6

Gottfried Johannes Müller: Einbruch ins verschlossene Kurdistan
ISBN 978-3-939937-00-5

Patricia Koelle: Die Füße der Sterne
ISBN 978-3-939937-04-3

Patricia Koelle: Der Weihnachtswind
ISBN 978-3-939937-01-0

Weihnachtsgeschichten Band 3
ISBN 978-3-939937-07-4

Eva Markert: Adventskalender zum Lesen und Vorlesen
ISBN: 978-3-9809336-5-0

Antonia Stahn: Die Reise vom gläsernen Baum zum blauen Planeten. Eine Weihnachtssaga.
ISBN 978-3-939937-02-9

Antonia Stahn: Max und Mäxchen. Kindergeschichten für große und kleine Leser
ISBN 978-3-9809336-7-4